# Adam Small

# Klawerjas

Gedigte

Tafelberg

Die publikasie van hierdie boek is moontlik gemaak
deur 'n ruim subsidie van die LW Hiemstra Trust –
opgerig deur Riekie Hiemstra ter herinnering aan
Ludwig Wybren (Louis) Hiemstra

Eerste uitgawe in 2013 deur Tafelberg-Uitgewers,
'n druknaam van NB-Uitgewers
'n afdeling van Media24 Boeke (Edms.) Bpk.
Heerengracht 40, Kaapstad 8001

Bandontwerp en tipografiese versorging deur Michiel Botha
Geset in Galliard
Gedruk en gebind deur Interpak Books, Pietermaritzburg, Suid-Afrika

Eerste uitgawe 2013

ISBN  978-0-624-06545-6
Epub  978-0-624-06546-3
Mobi  978-0-624-06547-0

Opgedra aan Rosalie
oftewel Penelope
deur hierdie Odysseus

# Inhoud

## Skilders

## Herinneringe

## Ompaaie

## Jesus – 'n Laaste Profesie

## Versoenings- en vredesgebede

## Lawwighede?

## Klawerjas

## Gegroet wees die leser

## Inleidend

Hierdie poësie – met mý soort rym, en ook vrye verse – stuur weg van platvloersheid, dog is terselfdertyd bestem vir gewoon-intelligente mense en wil nie 'n vertoon van geleerdheid en obskure hoogdrawendheid wees nie. Laat my ook sê dat dit nie juis bevorderlik vir die begrip van sake is om te vra wat 'n gedig "beteken" nie. Om poësie te waardeer is soos om wyn te proe of, soos ons op Engels sê, "savour": geniet net die woorde, die sinne, die sentimente, die gedagtes, die opgaaf van herinneringe – meestal val dit alles soos manna uit die hemel op die digter se papier neer. Enkele elders gepubliseerde maar tot dusver ongebundelde gedigte word ook in hierdie bundel opgeneem.

Aangesien daar erotiese verse in hierdie bundel voorkom, is dit nodig om daarop te let dat daar 'n groot verskil is tussen 'n erotiese gedig en 'n pornografiese vers – 'n verskil wat party digters nie skyn te eerbiedig nie. Pornografiese skrywe is onvergeeflik wat ernstige poësie betref.

Ook: te veel mense meen poësie is 'n saak van rym op rym. Maar dis nie so nie. Ryme sal soms hul opwagting maak, en soms glad nie. Daar's natuurlik ook verskillende soorte rym. In my geval lê die ryme soms vlak naas mekaar; meestal egter is hul versprei deur die teks en moet lesers en hoorders hul oë en ore oophou vir die musiek wat die verse deurtrek. Hoe ook, poësie bly 'n werklikheid van die ontlading van emosie by wyse van die sinvolle, innige gebruik van taal wat betowerend werk, soms selfs net die stel van groot gedagtes en die skep van ontroerende beelde, en inderdaad sommer net die vestiging van die leser of hoorder se aandag op 'n ander digter se wonderlike woorde. 'n Mens kan miskien daarop let dat daar aan goeie poësie altyd iets surrealisties en geheimenisvol is.

Goeie gebede ook, nes psalms, kan mooi poësie wees, by-gesê hierdie moontlikheid word deur die meeste predikante verfoes. Daar's ook die beoordelaars wat meen dat 'n goeie vers "ontroerend" moet wees. Maar wát beteken "ontroerend"? Wat vir die een dít is, is nie noodwendig vir die ander so nie. Poësie strek wyer as ontroering.

Dan ook: 'n Digter het die voorreg, die prerogatief, om sy eie woorde, punktuasie, en veral beelde te skep. Daar's egter één voorbehoud: dié skepping moet sy werk meer toegank-lik vir sy lesers maak, en indien dit voorgelees word, vir sy hoorders. Ek is egter bewus van digters, groot name ook, wie se werk al minder toeganklik raak soos hulle hierdie voorreg beoefen, al meer obskuur.

Ten slotte: Ek verwonder my aan die "taalkenners", hoe hulle alles in verseëlde houertjies wil pak: waar en wanneer daar gekoppelteken moet word, hoofletters moet wees, bokas-onderkas geskryf moet word en dies meer. Taalgebruik, en natuurlik die poësie, buig net nie voor hierdie simplistiese taalbeskouing nie.

# Groot Liefdesgebed

*(Vir Rosalie van Adam: 12 Oktober 2012)*

Jare gelede, liefling
het ek 'n Groot Krismisgebed geskryf.
Nou skryf ek hierdie Groot Liefdesgebed.
Vir jou.
Ek laat jou dit kry
met blomme.
Ook met hartseer.
Die digter Bashoe
was reg: blomme hoort héél te bly,
nie gepluk en gebreek te word nie.
Maar ons leef in 'n gebroke wêreld,
hoe ánders dan?
Aanvaar maar hierdie gedig,
só gebroke.
Wanneer mens bid
sê jy "God"
– nie omdat jy wéét So-iets bestaan
tasbaar nie, maar dié woord
skyn die enigste te wees wat emosie
kan bestuur. Nou, liefling, God gee
dat ons nog lank, langer as die
drie-en-veertig jaar van nou,
sáám sal wees, hoewel ons, soos
die draaikewers van Dirk Opperman,
die tyd om ons verby voel gaan – ja,
"vinnig gaan om jou en my, die tyd
verby, die tyd verby".
Want ek moet eersdaags sterf,
my liefling. Die Bybel – ondanks alles

'n wyse Boek – praat van sewentig jaar
as 'n perk vir die leeftyd van 'n mens,
ietwat langer indien jy "sterk" is.
Ek is reeds vyf-en-sewentig.
Moet ek daaroor spog of pruil?
Wanneer ek gaan, sal ek met my gewone
stilte gaan, net miskien, tussen ons, die
mooi klank van 'n klokkespel, en sang
van engele, 'n mooi chanson, soos ek reis.
Ek het jare gelede in 'n mindere verband
gesê dat as daar nou swart en bruin
en wit is, die grootste hiervan vir my
die liefde bly. Laat my nou ook sê dat as berou
en trane swaar in my rus oor enige pyn
wat ek jou besorg het, die uitkoms
hiervan vir my tog, wonderlik, jou liefde is.

*Wat is poësie?*

## 'n Soort chemiese proses

Die skryf van poësie tref my soms
as 'n soort chemiese proses.
Jy sit 'n woord, 'n frase, 'n reël neer
op papier, en dis 'n klein kern, 'n pit,
wat dan fomenteer, bruis en skuim
met die taal rondom, totdat daar –
dit verstom jou – 'n gedig vorm
en jou papier versier.

## In die diep nag

In die diep nag wanneer die wêreld rondom slaap,
word 'n digter soms wakker, oorval deur woorde,
opgeraap tot die hemel van sy taal. Ánder hoor
dit nie, maar dan sing vir hom 'n nagtegaal
en aanskou hy, met verwonderde gelaat, prag en praal
soos van 'n Taj Mahal. Krag vaar sy skryfhand in,
sy hele wese 'n ervaring van kleure en klanke
in hul vele nuanses. Poorte van die lug gaan oop,
hy sien gesigte, is 'n slaapwandelaar en, verstom,
in die oggend, sien hy die woorde wat gekom het
– van wáár? – op die papier neffens sy bed.

## Nihil ex Nihilo

Ons is altyd geleer: Nihil ex Nihilo – niks
kom voort uit niks. Is dit 'n oordeel
té haastig en gou, wat nie rekening hou
nie met die poësie? Want poësie
ontvou asof van nêrens af, is skielik
daar op jou papier, en hoe verklaar jy dit?
Mense sê my: Tog nie, jy het sóveel al
ervaar, en die nuwe woorde kom uit
daardie bron. Dan besef jy: die Nihil
– die Niks – is daardie ondergrondse
wateraar van die siel.

## K – w

Daar's 'n skoonheid omtrent elke
woord en letter van jou taal. In Afrikaans
is daar vir my iets besonder aantrekliks
omtrent die sáámlees en sáámhoor van die
letters "k" en "w": klawerjas, kwesbaar,
kwessie, verkwansel, kwik, kwinkeleer,
kweper, kwintessens, kwajong, kwartel,
kwinkslag, karwats, kwas, kwêvoël, kwetter,
kwansuis, kwyn, lukwart, kriewel, kwelgees,
kwesel, kwatryn . . .

Watter wonderlike werklikheid is taal tog.

## Moerdyk – Van Wouw

Ek word weer en weer gevra
hoe 'n gedig ontstaan.
Ek het verskeie beelde al van dié
gebeurtenis probeer gee – hier's
nog een: om iets te teken, dan te
bou. Iets soos
Gerard Moerdyk se werk, elke
lang uur, lyn vir lyn, streep vir
streep, dan toesig oor die
bouwerk, soos dit steen vir steen
tot stand kom, muur vir muur,
en uiteindelik 'n struktuur is soos
die majestueuse een op die heuwel
bokant Pretoria.

Ook soos Anton van Wouw
se skepping van die beeld in
Bloemfontein van kinders en vrou –
hamer- en beitelslae, hou vir hou,
hartseer, woedend, maar ook
vreugdevol, totdat uiteindelik die
werk daar ís en 'n vaste ruimte vul:
onthul.

21

*My woorde kom weer*

## My woorde kom weer

Ek was lank stil, maar nou,
waarlik, kom die woorde weer.
Skoorvoetend eers, dan met langer
hale. Ek het té lank gehiberneer.
Dit was kompleet soos in
'n Pwasa-tyd, maar nou, gereinig,
is ek daaruit, en opgewonde soos 'n kind
vind ek skielik ek skryf weer my sélf
úit op papier – watter plesier. Kyk,
die magie van my hand het nie
verval nie. Ek sien 'n heelal opegaan
en helder lig stil-stil om my
uitstraal:
Het daghet,
Het daghet
overal.

Ek hoor 'n stem wat my vra: Adam,
wat het van jou Kaaps geword? Hierdie
nuwe verse klink só anders. Ek dink ná,
antwoord dan: My Kaaps is goeie geskiedenis –
die stemme, soos ek dit verbeeld het, van die
stemloses. Maar daar kom 'n keer wanneer
'n digter ook aan sy eie belang sal dink,
homself as individu op die verhoog moet
bring. Daar's immers werklikhede, van die
digkuns onder meer, ewe dringend tog
as dié van die ertappeleters van Van Gogh.

En ook, my Kaaps leef voort in die musiek van
hierdie nuwe verse, die paring van en speel

met binne- en buiteryme. Só bly die
Krismisbands en -kore, van tye her en nou,
in hierdie nuwe werk se landskap sing,
sing, sing en stap.

## Damwal

Ek is half stomgeslaan
maar sit my nie teen,
probeer nie die damwal keer wat breek:
die water vat my heen.
Dis soos by Goree naby Robertson waar
ek 'n klein knaap was en bang, maar kordaat
nie weggeskram het van die sluis van die
oorvol plaasdam nie, dit aangedurf het,
en die water angstig sien kóm het,
die water,
die water.

## Aan my skrywersvriende

Ek het Elsa Joubert laat weet ek was
lank stil, maar dat my woorde
nou weer kom,
en sy was daaroor bly.

Vir Antjie Krog het ek dit ook laat weet,
en sý was bly.

En ek het my skrywersvriend
Braam de Vries laat weet. Hy was
eweneens bly.

Ander kollegas het ek nie laat weet nie
maar is seker húlle ook was bly: André
wat aldeur waarderend was van my werk;
Joan Hambidge, met haar waardering
vir *Kanna*; en Breyten was kennelik bly.
Soos hy vroeër geskryf het: ". . . aan die einde
van die dag . . . is Adam Small . . . die man
wat van ons taal . . . 'n lokasie, dus 'n
plaaslikheid . . . universaliteit gemaak
het. Die poësie is dieper as die mond,
en met baie tonge."

Breyten het my werk van die verlede só
goed verstaan. Nou, sê ek hom egter,
beweeg ek in ietwat anderste bane, en kom
ek deur 'n heelwat vreemder doeane
– alhoewel, op my Odysseus-reis, my hand
van indertyd duidelik genoeg wys. En
wat ek nou ook aan te bied het, laat ek as

'n barakat aan my vriende, 'n toegif,
vrygewend, van geseënde kos,
uit 'n liefdevolle hart.

En ek steek by die begin van hierdie laaste
of voorlaaste reis my mooiste kers op
vir my vriende en hoop die vlam brand
lank genoeg om my die tyd te gun wat ek
nodig nog sal hê om enkele groot dinge
in my leser se skoot te lê.

El sal ook nie nalaat om my padkos
en pak kaarte saam te neem nie, om myself
op die oorblywende weg en weë te vermaak
met die speel, waar ek ook mag aankom,
van Klawerjas of Solitaire.

## Op reis

'n Man is ek nou van amper sewe-en-sewentig, ja,
en steeds op reis. Op my trek tot nou het ek
medemense ontdek, en doen dit steeds, sommiges
boordevol smart en pyn, gemene haat en hoon,
ander vol liefde, erbarming, vreugde en geluk:
elkeen, haal na haal, taal na taal, op soek na
sy eie heilige graal.

As digter hoop ek om langs hierdie pad nóg
'n werk te skryf soos *Kanna*: strak, presies,
gestroop tot op die been. Met versugting
dink ek seker dis nie meer moontlik nie.
Nou wend ek my, beskeie maar,
tot hierdie verse.

Reis laat my dink aan Dirk Opperman. In sy
Bamboesboek is hy verbeeldingryk op pad,
as Marco Polo, na Kammaland. Aan die ander kant:
Ek is ook op reis, God weet, na 'n kontrei, inheems
egter, 'n binneland selfs vérder weg. Jawel, ek word
in die proses verniel, maar beur tóg voort na die
bestemmingshawe van die eie siel.

Maar luister tog, ek het nog glad nie bes gegee, hou
obsternaat aan hoop. Sê maar, *sê* maar ek skryf tóg
nog 'n stuk wat ons aan *Kanna* kan meet. Dit sou *Maria*
heet. Hier dink ek nou tweeduisend jaar en meer
terug aan die "nooi uit Nasaret". Dis 'n grootse tema,
haar verhaal, 'n heroïese opset inderdaad. Die storie
is bekend, ondanks, natuurlik, dat soveel Christene,
willens en wetens, hulself van die waarheid omtrent

die slim Jodinnetjie verskans. Dis tog klinkklaar
en lê voor die hand: 'n tiener-swangerskap is
hier ter sprake. Amper almal rondom haar het sy
met 'n slap riem gevang, want sy't die Skrifte
geken en tot haar voordeel gebuig om haar penarie
te verklaar.

Hierdie fantastiese storie het sy bedink en mense loop
vertel: die Gees van God het haar oorval en sy sou
'n kind baar, die "Seun van God, Verlosser van die
Mensdom". Selfs Josef, 'n vroom en ouer man – hy was
aan haar verloof – het die versinsel geglo, tot dié mate
dat, op sý beurt, hy homself oorreed het 'n engel het
hom besoek en hom gerusgestel.

Die kind is gebore, heel gelukkig vir Maria, 'n seun,
en sy't hom grootgemaak met 'n verbete wil, gans besete,
en by hom íngeprent hy is die Seun van God. Haar
bitter lot: Sy het dit alles later sélf geglo. Die seun het
sy gedrýf: twaalf, dertien jaar oud het hy reeds in die
tempel met die ou ringkop-kenners van die Skrif
geredekawel.

Die nadraai van haar verdigsel, egter, het die seun
en haar gevolg, ál die jare lank, tot by en verby sy dood
aan die kruis deur die toedoen van die Joodse
en Romeinse gespuis.

In die proses, gewis,
is seun en moeder verewig
in die geskiedenis.

*Liefde*

# Wat is liefde?

Rosalie maak sake vir my nie maklik nie.
Sy vra my, met betekenisvol-laggende oë
wat ek bedoel met "liefde" en wat "liefling"
beteken. Sy vra my om te verduidelik
en is nogal tevrede met my antwoord.
Daar's geen definisie soos in matesis nie,
maar, by wyse van gelykenis, sê ek haar,
ervaar ek die betekenis van hierdie woorde
as dié van 'n onverklaarbare gedrongenheid:

Ek onthou hoe ek jare gelede op 'n keer,
laatmiddag tussen Robertson en Worcester
op pad Kaap toe was en hoe, by Goree, die
sakkende son skielik op my afgekom het,
oorrompelend, en ek met die motor stil moes
hou. Die lug was, minute lank, 'n vlammende
oranjerooi wat my aan die keel gegryp
en tot angstigheid gebring het. Eindelik,
in 'n soort swymeling, het ek daaruit gekom
en skugter verder gery.
Soos daardie lug, so iets,
is liefde.

Dan weer, wanneer ek in die winter van die werk
op pad was huis toe het die onweer in die
Suid-Skiereiland vroegmiddag al somber gekom,
met sluiers reën wat van vér af genader het met
'n dreuning van hael, en 'n mens moes onder
die eerste brug oor die pad skuiling
soek. En alles was gedronge – dis die enigste woord
om die ervaring mee te beskryf. Jy was

vasgedruk in 'n soort hulpeloosheid. 'n Ervaring
soos van daardie intens uitgeblokkeerde lug,
so iets, is liefde.

Ondanks die angs in dit alles ingebou, bly ek
jou liefhê. Die ontstellende vreugde is myne.

## Grand Canyon

Een van die wonderlikste uitsigte, wáár ook,
móét wees die enorme stuk gronderosie,
die Grand Canyon in die woestynland
van Amerika, eeue lank uitgekalwe deur die
magtige Coloradorivier. Ek sal nie die nagte
vergeet nie dat ek vroegaand daar op die
befaamde "rim", die rand van die Canyon,
betowerd gesit en staar het oor die
asemrowende skakerings van kleur soos wat
die falende lig van die dag oor die hoë rotse
gespeel het. Dis iets goddeliks – nóg 'n beeld
van die betekenis van liefde.
Soms het ek en my Amerikaanse reisgenoot
saans 'n uur lank, voordat ons vir ete na ons
verblyfplek daar naby terug is, net daar gesit
en gekyk, in stilte.

## Graaff-Reinet

Rosalie en ek
was vir 'n geleentheid in Cradock
en met die terugkeer Kaap toe
het ons van 'n hoogte af Graaff-Reinet
se Groot-Karoo gesien – die asembenemende
skakerings van vaal, hier en daar
'n groenigheid en 'n stippel rooi van aalwee.
Bowenal, die skriklike uitgestrektheid van
alles. En 'n mens sien daarná, met nuwe oë,
bewoë, die haai Karoo.

## Andante Cantabile

By 'n uitvoering ter ere van Leo Tolstoi, van Tsjaikofski
se Strykkwartet no 1 in D majeur opus 11 was
Tolstoi in die gehoor, en ten aanhore van die
andante-beweging het hy gehuil. Waarop – so loop
die storie – Tsjaikofski gesê het hy wis, toe hy Tolstoi
sien huil, dat hy 'n groot werk geskep het.

Hierdie beeld van die groot skrywer en die groot komponis
oorrompel my heeltemal. Dit val binne die kader van
onoortreflik kunssinnige menslikheid.

Ek sê dan ook maar dat wanneer Rosalie my
Groot Liefdesgebed lees, sy bewoë is, met
trane in haar oë. Dan weet ek:
ek het 'n ontroerende gedig geskryf.

# Nou vou ek jou toe
## ('n gedig binne 'n gedig)

Rosalie het my hierdie woorde geskryf:

Jou hande

*(Vir Adam van Rosalie,*
*met ons 43ste huweliksherdenking,*
*22 Desember 2012)*

BA eerste jaar. Geskiedenis van die
Wysbegeerte 1. Taak 1. Gedagtegange
rakende die ontstaan van die heelal.
Thales, Anaximander en Anaximenes.
Water, vuur, lug. Boustene van die
univers. Meneer verduidelik. Ons vra
en luister aandagtig, knik nou en
dan instemmend. En ek dink, met
groot versugting:
Meneer, jou hande is so móói.

Vele take, toetse, eindeksamens, en
'n honneursgraad later, stap ek die
paadjie kansel toe, my pa aan my sy.
Jy wag daar. Lank reeds nie meer
Meneer nie. Laat gly my ringe tot by hul
rusplek op die basis van my trouvinger.
En, terwyl die heelal kantel, dink ek:
My lief, jou hande is só mooi.

Nou, vir reeds meer as veertig jaar,
verken en ken en koester jou hande my steeds.
My man, jou hande is so mooi.

Hierop het ek haar geantwoord:

Dan vou ek jou vannag in my arms toe,
en in die heilige donker van ons soel
kamer, sal ek naby jou kom, jou bemin,
en weet hoe goed dit vir ons is om al
die armsvol vreugde en liefde van ons
samesyn te ín, en te laat sin maak in
die lewe.

## Frappant, sjarmant, pikant

'n Ligte, vrolike liefdesvers
vir jou – 'n piksoentjie
uit die blou – vinnig en gou.

Op vyf-en-sestig bly die taal van
jou lyf frappant, jou houding
sjarmant, jou hele geaardheid
pikant
soos die kos wat jy daagliks
vir ons maak
en voorsit met smaak.

*Digters, skrywers en filosowe*

## Strandgebied

*(In memoriam Ingrid Jonker)*

Op haar kruisweg by die laaste stasie
het sy die konstellasie Clifton se liggies
vir laas hoor tik.
Ons lot word deur die sterre beskik.
Toe die perde in die seebamboese draf
weer sy haarself met al twee hande af.
Maar die water het teen haar heupe
soos 'n man gestoot
en sy bors was harig soos die dood.

## Leipoldt

Waar hy die dinge in die Hantam beleef het,
het surrealisme gerieflik in sy skoot geval
en was dit nie vir hom nodig om dit uit te dink nie.
Boggom en Voertsek was op daardie grond,
bobbejaan en bobbejaan, of bobbejaan en hond,
hy het ons nooit gesê nie, net dat hulle saam
geleef het, saam geswerf het, en saam was tot
die dood. En, sê die digter, daar is
"niks om uit die storie te erwe",
en "niks om daaruit te trek".

## Dingaan

Dingaan die Zoeloe
was 'n duiwel, skryf Leipoldt,
"handlanger van die hel was hy".
Hy het ons mense "swaar geteister"
met hierdie "dwingelandy".
Ek sou nie van Leipoldt verskil nie,
net in mý geval wou aanvul:
Verwoerd, die Witman, was 'n duiwel,
hy het ons mense swaar geteister,
handlanger van die hel was hy.

## Beluistering

As digter wéét ek: woorde is magies
word hul met styl gepraat en beluister.
Met die geduldige beluistering
van woorde begin, ondanks alle verskille
tussen mense, wysheid en vrede.
Die digter Jana Beranová is reg as sy,
gróóts, opmerk dat
"als niemand
luistert
naar niemand
vallen er doden
in plaats van
woorden".

Ewe groots skryf sy dat ons aarde vol
kraters is waar só dikwels bomme geval het
en waar daar skuilings is, ook in die sin dat
die skuilings gedagtes is waarin ons van die
bomme skuil:
"Op deze aarde
vol kraters
waar telkens weer
bommen vallen
zijn schuilplaatzen
gedaghten
en omgekeerd".

Beskou van agterna
is dit diepsinnig en
afgemete presies
hierdie woorde van
Jana Beranová.

## Wuppertal se vygies

Dirk Opperman skryf meevoerend oor die
vlammende vygies van Wuppertal: as jy die
plate en plate vurig blommende vygies daar
beleef het, sien jy die wêreld daarná vir altyd,
altyd ánders.

## "Styf van knie"

Dit verstom my hoedat mense, soos die
deursnee-dominee, sommerso,
in-en-uit, met gebed kan doenig raak.
Hulle open met gebed, bid tussenin,
en sluit met gebed, asof hulle met
'n kraantjie te make het wat na hartelus
oop- en toegedraai kan word.

Een van die diepsinnige dinge wat
Van Wyk Louw sê, is dat hy "styf van knie"
is en dit moeilik vind, of altans nie maklik
nie, om te bid. Tog voel jy dat, om in gesprek
met God te kom nodig is, maar,
om op te som, jy doen dit dan,
soos Kierkegaard sê, "met vrees en bewing".

## Lost in translation?

Pablo Neruda se *Twenty Love Poems*
*and a Song of Despair* het mooierige gedigte
hoewel nie veel om oor huis toe te
skryf nie. Ek is ook angstig oor
vergrypende reëls soos in
"Body of a Woman": "Body of a woman,
white hills, white thighs . . . lying in
surrender. My rough peasant's body digs
in you . . ." (*Cuerpo de mujer, blancas
colinas, muslos blancos . . . en tu actitud
de entrega. Mi cuerpo de labriego
salvaje te socava . . .*)

Moet ons Neruda die voordeel van die twyfel
gee, en aanvaar die strawwe Engels is maar
'n kwessie van, soos die mooi rolprenttitel sê,
"lost in translation"?
En ek moet tóg sê dat mý liefdesverse
ietwat sagter is op die lyf.

51

# Newspeak

"Newspeak" het George Orwell dit in
sy boek *1984* genoem. Hy sou dit nou
des te meer só kon noem, met ons
geklets oor e-mail en gmail, tweet en twitter,
blog en dot com en dot co dot za (hoera).
Mense sê ons leef nou "virtueel", "reëel",
wat ook al. Wat ek egter ervaar is dat, hoe
meer ons hierdie wonderspraak van die
dag bedryf, hoe meer raak ons van mekaar
af weg, hoe meer dryf ons maar
deur die lewe, God weet waarnatoe.
Ons kommunikasiemedium noem ons,
kinderlik, 'n smartphone, 'n slimfoon!

## Hirosjima

John Hersey se boek oor Hirosjima is
'n kosbaarheid vir my. Hy probeer daarin
die werklikheid beskryf ná die ontploffing van
die atoombom oor die stad. Daar was die
mense, die kinders, wat God weet in watter
nagmerrie van pyn bloeiend gelaat is, hul vel
geheel en al daarmee heen
– 'n totaal onbeskryflike hel.

Hoe, wonder ek, kry 'n skrywer dit reg om oor
so iets te skryf, en 'n leser – soos ook ek –
om daaroor te lees?

## Dostojefski

Ek lees graag, en oor en oor, Dava Sobel,
George Orwell, en natuurlik Dostojefski,
seker die grootste romanskrywer nog.
Soms word daar, seker tereg, verwysend
na veral *Die broers Karamazof*, gepraat
van Dostojefski se diepte-psigologie.
Van meer onmiddellike betekenis vir my is
die dwingende beeld van armoede wat
Dostojefski gee in sy skepping van die
karakters in *Misdaad en straf*, die
armoede-getroffe Marmeladofs, die doen
en late van die roekelose Raskolnikof en
sy vriend Rasjoemikin.

Daar's die res van karakters uit sy
werk, só veel:
Rogozjin en Aglaia,
Kirillof,
die Karamazofs,
prins Misjkin die "idioot",
die Ewige Eggenoot,
die onvergeetlike Sonja Marmeladof . . .

Eers sou hy ingenieur word
maar gelukkig het hy dit gekeer
en sy roeping ánders gesien. Hy het altyd
groot smart op hom gehaal: sou voor
'n vuurpeloton sterf vanweë sy sosialistiese
geloof. Dit het hy egter, goddank, vrygespring
en vier jaar lank liewer met harde arbeid in Siberië
deur moes bring. In sy veertigs het hy sy vrou

en broer verloor. Ook dít het hy verwerk. Deur
alles heen het hy bly skryf, met die hulp van
'n stenograaf, 'n vrou twintig jaar jonger as hy,
wat hy leer liefkry en met haar trou –
Anna Snitkina. Veertien jaar só was hy gelukkig
voor sy dood aan cholera. Hy's toe begrawe
– haatlike woord – in die klein begraafplaas van
die Aleksander Nefski-klooster in Sint Petersburg.
En, soos dit hoort, vir ewig en altyd nou, leef sy
woorde voort.

Groter kuns as dit kry mens nie.

## Vernon February

Vernie, jy was 'n goeie vriend.
Van ons universiteitsdae af
het jy sóveel insig gehad in my denke,
sóveel empatie.
Ek onthou aldeur hoe jy die keffende
brakkies van my probeer weghou het,
die klomp wat my oor die onafhanklikheid
van my denke-en-doen gehaat het.
Waar's hulle nou?
Ek mis jou.
Jy's te vroeg dood.
Ek onthou met toegeneentheid,
toe jy in Amsterdam gewoon
en ek kom kuier het, hoe,
in jou klein woonstel, jy my 'n kombers
sou gee, en ek in die eenvoud van jou
plek – eintlik die mooi eenvoud van jou siel –
oornag het.

## Sartre

Indien ek reg verneem, het
Jean-Paul Sartre beweer die hel is
ander mense. Miskien sou 'n noukeuriger,
meer onmiddellike definisie wees: die hel is
die menslike bewussyn, kortom dus, vir elke
mens, "ék". Want die persoonlike bewussyn
bring onvermydelik kennis van pyn, jou eie
en ánder s'n – 'n toestand waaruit jy
nie kan ontvlug nie, waarin jy lewenslank
gekerker is. Miskien ís dit die beduidenis
wat ons by Sartre moet vind: sý soort
filosoof skryf altyd maar ietwat
verduisterend.

## Herakleitos – Parmenides

Volgens die groot antieke Griekse denkers,
Herakleitos aan die een kant en Parmenides
aan die ander, verander alles gedurig en
verander niks ooit. Dit lyk my albei kom die
waarheid by: wanneer ons tog die groot sirkel
van Bestaan om alles trek, rondom elke
lewenswerklikheid, maak dit nie saak dat en
hoe dinge daarbinne verander nie.

## Sokrates

Sokrates, so lui die storie, is deur dié wat hom
afgekraak het daarvan beskuldig dat hy die jeug
en almal om hom gekorrupteer het – met denke.
Plato, weet ons, beskryf Sokrates as 'n vroedvrou
van idee, 'n man wat hulle in die lewe bring. Die
Atheense owerheid het hom egter uiteindelik skuldig
bevind en ter dood veroordeel. Voordat hy die gif
moes drink, vra hulle hom wat hy dink sy straf
moet wees. Hy het geantwoord dat, vir wat hy
vir Athene beteken het, hy vir die res van sy
lewe kosteloos in die Stadhuis moes bly. Hulle
het hom, natuurlik, die gif laat drink.
Desondanks wil ek my eie lewenstyl nie ánders
hê nie as dié van 'n intellektuele lewe.

## Lise Meitner

Volgens die boek oor wetenskapskrywing op my rak,
was sy 'n mooi jong vrou, 'n wetenskaplike intellek.
By verstek het sy verstrik geraak met 'n ietwat
onverkwiklike wetenskaplike, min of meer haar
ouderdom, Otto Hahn, wat dikwels haar konsepte
as sy eie toegeëien het, totdat sy naam op die
periodieke tabel gepryk en hare verbloem is deurdat
die chemiese element hahnium na hom genoem is.
Kollegas van haar het die ongerymdheid agtergekom
en ook die naam meitnerium op die tabel gekry.
In liefdesake het sy dit ook nie gelukkig getref nie,
en toe, in hul ouderdom, 'n kollega van vroeër,
uiteindelik praat en sê dat hy haar jare gelede
wou oorreed om met hom te trou, het sy net
laggend geantwoord: "spät" – te laat.

## Leonardo – Michelangelo

Hulle was, of liewers is voorgehou, as gode. Maar,
soos Odysseus geweet het, is omgang met gode
die sterflinge verbode.
Dus, toe die godin hom sê om by haar te bly
en die res van sy lewe met haar te geniet, het hy
geantwoord: Ek is u dankbaar, maar kán nie,
want as mens weet ek hoe om met 'n méns te
verkeer, dog nie met 'n god nie. Die godin was
hartseer maar het besef dat, wat Odysseus betref,
sy woord finaal was en dat ikabod geskryf was
oor enige verhouding tussen hulle. En op sy lang,
láng tog is hy toe terug na sy aardse liefde,
Penelope.

En tot vandag toe sit Mona Lisa, half hovaardig
slim oor dit alles en glimlag, en is Jesus se dooie
liggaam oor Maria se skoot gedrapeer, die
bomenslike werk van 'n man wat regte slap
vlees uit Carraraklip kon towerkap.

## Copernicus

Hierdie groot, beskeie, vroeg-Sestiende-eeuse
wiskundige wat die mens se siening van ons
wêreld omgekeer het, gryp my aan –
– die son staan stil, het hy gesê, dis die aarde
as planeet wat beweeg. Hy was angstig daaroor,
maar het die Bybelse Josua tereg bevraag.
(Wat het Josua tog van wiskunde geweet?)

# Galileo
## (klein ortolaan of gryspatrys)

Hierdie klein snit maar net – vergewe –
uit die onberekenbare bydrae wat hy
gemaak het tot die sin van die lewe.

Afgesien van vader wees van die
wetenskap was hy 'n Godvresende
gesins-en-familie-mens: seun van
'n ma wat hy onderdak geneem het,
broer van 'n suster wat hy beskerm
het, 'n broer oor wie hy hom ontferm
het, en pa van twee dogters en 'n seun
by sy minnares, Marina Gamba. Lief
was hy vir die een veral: Virginia,
wat haarself later Maria Celeste
genoem het, gedagtig aan die sterrehemel
waarmee haar pa as astronoom
omgegaan het.

Eers wou hy medikus word, maar het
die gedagte gou genoeg té
plat op die aarde gevind: hy't van hoër
dinge gedroom. Maria, in die klooster
waar sy nou was, het egter besef hy't
tóg aardse bystand nodig en het dikwels
gesorg vir kos en klere, voëltjies
vir hom gebraai, 'n klein ortolaan
of gryspatrys – 'n dis waaroor hy
gek was. 'n Soom of twee van 'n baadjie
of broek het sy vir hom verstel.

Sy was angstig oor sy kopstampery
met die Kerk, die Pous, en 'n siniese
kardinaal Bellarmino, 'n man, Jesuïet
of nie, sonder ware visie, maar 'n voorman
van die Inkwisisie. Dít alles oor sy simpatie
met Copernicus se gedagte dat nie die Aarde
die middelpunt van ons heelal is nie,
maar die Son, en Maria het haar pa
se reise na Rome gevrees wanneer
hy hul huis in Arcetri moes verlaat
om die dinge met die Kerk – teen wie
se aanslag hy as enkeling skaars
bestand was – uit te praat.

Die teistering deur die Kerk het
hom kamma skuld laat beken en hy't
gebieg maar, asof laggend in die mou,
die ou kerklot eintlik belieg. Ons moet
egter terugkeer na Maria Celeste: sy
diepste seer het oor háár gegaan. Sy
hart het, tot sy dood, oor haar bly ween.
Dinge het vir hom tragies verloop.
Die Kerk, te verwagte, het hom in die
steek gelaat, hom in die Naam van God
gehaat, gesensureer, onder huisarres
geplaas. Sy smart het dieper selfs as dít
gereik toe Maria vóór hom dood is aan
disenterie en hy eensaam en alleen
vorentoe moes leef.

Toevallig het dit gebeur dat, in sy
ouderdom, 'n jong man, Vicenzio Viviani,
by hom kom inwoon en hom versorg het.

Die verhouding tussen hulle, met wiskunde
die sleutel tot alles, het gegroei
soos tussen 'n vader en 'n seun: Viviani
het groot begaafdheid vir wiskunde getoon,
Galileo feitlik aanbid – nes Maria – en hulle't
mekaar wedersyds met lang gesprekke
oor matesis beloon.

Ons moenie nalaat om te sê Galileo het groot
waardering ook vir die poësie gehad:
op 'n keer het John Milton by hom
kom aansit.

Uiteindelik, in sestien-twee-en-veertig, is hy
aan nierversaking dood. Viviani het sy
sake gehanteer.

Dít het hy nagelaat: vir altyd word sy naam nou
uitgestal as grondlegger van ons kennis
van hoe dinge in ons wêreld en heelal
bymekaar pas en in plek val. Sy teleskoop,
met die bou waarvan sy eie seun hom
behulpsaam was, het waarhede van die univers,
so ver as moontlik, vir ons ontknoop.

Hy het as oortuigde Copernikaan gesterf.
En nou blý die Son
– nie Josua se vals bedinkte hemelliggaam
nie – maar Galileo Galilei
se Son
en Nicolaus Copernicus
se Son
en ja, ten opsigte van ons

Bewegende Aarde, die flonkerende
Ster-oor-die-wuiwende-koringlande
van Auvers- en Tarascon-in-die-somer,
Vincent van Gogh se Son:
die besielend stralende
groot,
mirakelagtige,
geheimnisvolle,
goudgeel,
byna ewige,
gloeiende
Stilstaande Son.

Só het Viviani hom vaarwel geroep
en gehuil
en het hy alléén maar gelukkig,
God,
die verre sterre, en
vanselfsprekend,
sy verheerlikte, winkende
Maria Celeste
tegemoetgegaan.

*Skilders*

## Rembrandt

Ek is nooit juis deur diep emosie geraak
by die aanskoue van werk van die groot
Rembrandt nie, soos, sê maar, by
Vincent van Gogh nie – afgesien van
hiérdie één kant van Rembrandt se werk:
die selfportrette soos hy hul oor die jare
geskilder het. In die begin, die lighartige,
laggende jong man met die skuins pet,
maar later die meer en meer hartseer
beelde van die ouerwordende man –
iemand wat, soos ek dit noem, in die lewe
die vérweg binneland van die eie siel
deurkruis het.

## Vermeer

'n Ander groot skilder wat my tot
bewoënheid dwing, is Jan Vermeer,
nie net vanweë sy towerwerk met lig nie,
maar, diepsinniger nog, sy greep
op die éénheid van menswees en
dingwees, soos in sy asembenemende
skildery van die boerin wat melk
uit 'n erdekan in 'n kommetjie skink,
waar sy staan by die growwebrood
vir die ete later. En die vrou se liggaam,
bors, arms, heupe, voorkop, alles, sélf
word growwebrood, terwyl die lig
sag inval deur die hortjiesvenster.

## Rafael

In 'n kunsgeskiedenisklas lank gelede
het ek opgelet: die swaeltjies in die lug
in die werk van die Renaissance-
skilders, Rafael veral. Dit het my altyd groot
genot verskaf – en doen dit steeds –
want die swaeltjies van Rafael bly vlieg,
blý vlieg.

## El Greco

Met die moeilik uitspreekbare naam
Doménikos Theotokópoulos
het hulle jou in Spanje, maklik en gou,
maar net genoem El Greco. Jy was in elk geval
altyd 'n buitestander, die soort mens
deur Camus vir ons beskryf, 'n vervreemde
waar jy ook was, in Krete, Rome, Parys,
Bordeaux . . . Jy word onthou as skilder
van Toledo, van die ontklede Jesus aan die Kruis
bokant 'n heuwel van dié stad. Sy hangende lyf
het jy verwring tot 'n stygende vlam
soos 'n hemelvaart nog vóór Hy sterf.
Uiteindelik nou is jy sóseer deur jou werk
verewig dat jy oplaas van buite ingekom het,
en in die aldurendheid van die
tyd is jou vreemdelingskap besweer.

## Goya

Skilder onder meer van die tekstuur van kleding,
soos dié van señora Sabasa Garcia se mantel;
maar ook van bulgevegte, of Don Quixote
en Sancho Panza, 'n egte vertolker van starre
wreedhede ook – "No se puede mirar" lui die titel
van 'n skildery, wat ook beteken "Moenie kyk nie,
dis te vreeslik om te aanskou". Maar ek het
uitermate van jou werk kom hou, kunstenaar
van ons paradoksale werklikheid – hompe rou
vleis op 'n slagtersblok, dan weer sagter:
die geklede en ook naakte Maja wat soos
soetheid inkruip onder die vel, vér verwyderd
van "No se puede mirar". Uiteindelik, ná jou
siekte in Cadiz, ná jou bewondering van
Rembrandt en Velazquez, het jy doof geword.
Vir altyd bly jou werk leef, en in ons lewe
verweef, verby, vér verby jou sterwe.

## Van Gogh

Die sombergesig mooi seuntjie
was tot smart gedoem, maar leef
vir altyd. Die roem van die groot
kunstenaar omkring sy kop soos
'n stralekrans.

Van Gogh van ertappeleters-faam
wat verklaar het hy het so 'n
moeilik sêbare naam dat
hy maar Vincent sal heet. Hy kan nie
soos sy skilderye in 'n raam gesluit
en gestuit word nie. Hy sal immer
daaruit breek en voortleef
vir altyd.

Iewers tussen die Tao en
Oberammergau se passie – in die
sin van lyding – bly hy leef,
vir altyd.

Iewers tussen waar hy in die nag
geskrei het in Sint Rémy en geverf
het in Borinage of Auvers-sur-Oise,
eers met 'n donker penseel en palet
maar later met heerlike kleur,
helder geel soos van sonneblomme,
selfs skitterwit soos die flikkerende
sterre hoog bokant die kafeestoep.
Tussen al hierdie beelde opgeroep,
leef sy naam voort
vir altyd:
Vincent van Gogh.

Solank armoede bestaan omdat
hy dit geteken het, en solank
innigheid bestaan omdat hy dit geverf
het, dikwels sonder pen of kwas, net
met sy tempermes, hartstogtelike hale
op doeke wat sy broer Theo hom
liefdevol besorg het – só lank sal hy leef,
Vincent van Gogh.

Afhangend van die tyd van die jaar
het hy in die Suide gewerk by Arles
onder die vlammende somerson, dan weer
met die wintergewarrel van die wind buite,
die stormende lug en vlug van
woedende wolke – en hy't dit alles,
omdat dit aards was, liefgehad
en homself sonder verset daaraan
oorgegee, selfs aan die dood,
só deel van die lewe, toe hy homself
op die plaaswerf skiet. Die verdriet
óm hom was groot toe hy
uiteindelik sterf en in die klein
nuwe begraafplaas by Auvers
begrawe is. Maar, na al sy kruisigings,
het hy nou opgestaan in sy werk
en sit aan die regterhand van
Dit Alles, van waar hy kom, nie om te
oordeel nie maar om te vergeef. En hy
bly leef, vóórtleef, vir altyd: 'n man
sonder bedrog,
Vincent van Gogh.

Só moet ons hom onthou, die hartstogtelike
man met die vernielde oor, sy pyp op die
starre stoel, die heiligheid van uitgestrekte
velde óm hom stil in die sonlig geraam
sodat gevoeliges daarna kan kyk
en huil: ál hierdie beelde bevestig sy naam
en hy leef deur hulle voort, vir altyd,
leef deur hulle nog,
Vincent van Gogh: die mooi seuntjie
wat opgegroei het tot die skilder-met-
die-hart, meer as enige ander, seker,
die kunstenaar-van-smart.

*Herinneringe*

# Mense soos Ann

*(Vir Margot Luyt vanweë
háár omgee vir mense en liefde
vir die poësie)*

Kom ons gaan só akkoord:
Daar's dié van ons wat nie sonder
poësie kan leef nie. Niemand eintlik hoort
sonder die ervaring van die ritmiese
golwing en osmose van die fyngekose
sin en woord.

Daarom is dit vir 'n digter nodig
om telkemale 'n vers publiek
die lig te laat sien, poësie toeganklik
te maak, en mense so te dien – soos
hierdie gedig-vol-dankbaarheid, aan
Ann gewy. Sy was 'n meisie, en jong
vrou, later ouer vrou, van my
kontrei, wat ek onthou vanweë haar
behulpsame manier, haar doen en late
sonder reklame. Sy het vir mense
omgegee. Veral onthou ek, en besing
met genoegdoening, die wyse
waarop sy my moeder tydens
haar laaste dae besoek het, net
om haar geselskap te hou.

Versorging van my ma is by uitstek
egter deur my suster gedek, wat uit
liefde liewers as plig hierdie werk
verrig het. Onderwyseres van

beroep en verpleegster van natuur
glo ek haar heeldagse bestuur
van my ma se siekte is draagliker gestig
deur Ann se besoeke: my suster
óók het immers geselskap benodig.

Mense soos Ann is 'n soort lig
in die lewe, wat andersins van klein
allooi sou wees, van swak stoffasie,
leukemies, 'n bestaan van
verlies op verlies.

Ek gryp dus terug na die bekende
dubbelsinnig-mooi koeplet wat kom
uit Shakespeare se tyd en herinner
aan hom. Hierdie geskiedenis is
ter insae: slaan dit maar na. Hier egter
kom dit ég bedoel, sonder, teenoor
enigiemand, enige gemeenheid of verwyt.
As ek dan uit mag wei: laat dit so
voortleef, en gedy, aan tydloosheid gewy:
*Anne Hathaway, she hath a way,*
*to charm all hearts, Anne Hathaway.*

## Moeder Theresa

Met hierdie groot en goeie vrou se dood
verskyn daar foto's in die media van haar
liggaam deur mense óm haar met 'n groot
glasomhulsel, 'n soort stolp, bedek.
Ons snaaksighede skrei ten hemel.

Toe sy jare laas hier in Kaapstad was,
het ons uit uiterste respek na haar gaan luister,
en haar geliefde tema, die verdoeming van
aborsie, aangehoor. Ons was nie juis begeester nie.
Ál wat belangrik is, is dat 'n groot siel hier by
ons verby beweeg het, 'n mens, Theresa,
van die hoogste waarde,
wat haar lewe geoffer en gewy het
aan die armes van
Kalkutta en die aarde.

## Missies Isaacs

Sy het dikwels, in laat-sewentig, vroeg-tagtig
by my werkplek in Athlone opgedaag,
Missies Isaacs van Bokmakierie, met haar
breinbenewelde kind, 'n dogter – hoe oud? –
slap geslinger oor haar skouer.
Missies Isaacs het kom bedel.
Van my kantoorpersoneel het my verkwalik
dat ek haar altyd iets in die hand gegee het,
dat ek só sentimenteel deur Missies Isaacs
aan die siel gevat is. Sy "speel 'n spel", my
optrede "moedig haar net meer aan". Aan
na wat? het ek gewonder en gedink
so wat de hel?, en, gegee ons diversiteit
van taal: So what the hell?

## Joseph

Die goeie mense óm jou is van allerlei:
'n gerei van elke dag se werkers,
winkelmense en so meer, 'n dominee
of twee selfs, behoeftige bedelaars . . .

Onder laasgenoemdes dink ek aan Joseph.
Soos ek hom geken het was hy in sy
daaglikse gang pal 'n betroubare mens.
Om watter redes ook al het hy in die lewe
ongelukkig uitgeval. Toe hy dood is, het
van die mense by wie hy dikwels kom bedel
het, maar ook om te kom werk, bygedra vir
'n waardige begrafnis vir hom uit die
plaaslike Roomse kerk. Die winkel
waar hy aldeur op die stoep gesit het, is
gesluit om die toonbankmense kans te gun
om die geleentheid by te woon. Dis
belangrik dat ek blý berig: Joseph wou
nooit iets verniet hê nie, en het altyd
aangebied om, vir wat jy hom kon gee,
'n werk te verrig.

## White City

Van my triestige herinneringe is White City,
'n agterkantse uithoek van Londen, aan
Eustonstraat neffens Eustontreinstasie. Ewe
triestig, om die hoek, is 'n kerkie, Sint Peter's,
waarvan die deur altyd gesluit was. Die meeste
Londenaars wis seker nie eers van White City
of hierdie Sint Peter's nie, en die enigste rede
hoekom ek daarvan weet, is dat ek in my
enkeling-omswerwinge in die stad,
toe ek daar studeer het, sommerso daarop
afgekom het. Toe ek en Rosalie later saam in
Londen was, het ek gedink dis nie belangrik
dat ek haar White City en die kerkie
gaan wys nie. Miskien verkeerdelik.

## Peter en Alida

Peter en Alida het saam met my pa skoolgehou.
Ek onthou, baie jare gelede, toe my pa die nag
sterf en ek hulle laat weet die oubaas is pas
dood, het hulle dadelik gekom, in daardie vroeë
oggenduur, en Peter, 'n gelowige kerkmens, het
'n gebed gedoen, bewoë.

Toe het ek natuurlik die begrafnisondernemers
gebel, en hulle het my vader se oorskot vir die
latere verassing kom haal. Hy het daar gestaan,
half beteuterd en stil, Peter Lewin. Toe het ek
die stasiewa met my pa se dooie liggaam sien
wegry, die donker nag in.

## Ds. Dawid Botha

In my lewe het ek seker maar één dominee
geken wat sinvol gepraat het, sonder
hoogdrawendheid en voorgee van meer
kennis as wat moontlik is oor die
Ewigheid of Hiernamaals:
ds. D.P. Botha, skrywer van
*Die opkoms van ons Derde Stand*, die
opspraakwekkende boek van destyds.
Hy was die enigste prediker by wie ek
duidelik verneem het, wat die moed
had om te sê wat die dood en daarná behels:
dat ons met groot verwagting daaroor
kan bespiegel en gesels maar,
sonder sekerheid, tog moet wag
op wat ons eendag uit sal vind.

Ek berig graag dat, toe my pa in neëntien-
ses-en-tagtig sterf, ds. Botha die roudiens
behartig het, en so ook die roudiens vir my
ma toe sy in neëntien-drie-en-negentig
dood is. En ek leef met die respek wat hy
by my ingeboesem het met sy vergelyking
van my moeder as die Moabitiese vrou Rut.
Want my ma was uit 'n Islamitiese huis,
dog het trou beloof aan my pa se
Christen-geloof: aan Naomi se mense dus.

Die storie is daar om te lees:
Naomi en haar seuns is na Moab
waar die seuns Moabitiese vroue geneem
het, Rut en Orpa. Toe die seuns sterf, is

Naomi terug na Israel. Rut en Orpa het haar
gevolg, maar sy 't hulle gesê om liewer na
húl mense terug te keer. Orpa het, maar
Rut het vir Naomi gesê: waar jy gaan,
sal ek gaan, waar jy bly, sal ek bly,
jou volk is my volk, jou God is my God,
waar jy sterf, sal ek sterf.

Met die aanhaal van hierdie gedurfde
woorde van Rut
het Dawid Botha daardie dag die hartseer
wat ek ervaar het, versag, as 't ware
asof hy my tegemoetgekom het om die pyn
wat ek beleef het te vergoed.

## 'n Kakka Jesus

Ek rapporteer hier ietwat angstig
'n storie wat 'n vriend my enkele
jare gelede vertel het.
Hul gesin se pa is skielik oorlede.
Die klein seuntjie in die huis het
sy oupa, wat hy Pappa genoem
het, gemis, en sy ma gevra waar
sy pappa dan is. Sy het geantwoord
dat Liewe Jesus vir Pappa kom haal
het "om vir altyd by Hom te wees".
Maar die kleinman het nie berus,
dinge het in sy klein gemoed gegis
(uit die mond van die suigeling . . .)
en hy het hartseer en kwaad gesê
– soos dit seker maar ís:
Dis darem 'n kakka Jesus.

## Bamboo Inn
### ('n ledige oomblik)

Ons het meermale Sondagmiddae gaan uiteet
en ons voorkeur-eetplek was die Bamboo Inn van die
Sjinese egpaar Chong.

Nou's daar 'n mooi Sjinese fabel, *'n Ledige oomblik*,
wat vertel van die belangrike amptenaar op reis, wat by
'n klooster aankom. Die monnik daar het geweet hy kom
en het derhalwe nougeset voorberei vir die besoek.
Nadat die reisiger goed geëet en gedrink het, bied
hy die monnik 'n waarderende gedig:
> *Op reis verby jou klooster, kom ek*
> *vir 'n geselsie binne, ontglip*
> *die besige lewe om, voor ek*
> *verder reis, 'n wonderlike*
> *ledige oomblik*
> *te geniet.*

Toe lag die monnik en sê: U Hoogheid het 'n
wonderlike ledige oomblik geniet
en ek het drie dae lank vooraf, in afwagting,
hard gewerk!

## Weermagoefeninge

In Washington het ek die soldate hul militêre dril
sien doen, op en af, links, regs, met hul swaar
stewels, hygend, bedreigend, skril, deur die strate
van die stad. Selfs op 'n afstand het hulle
onpersoonlik gelyk, koud en kil, soos dit by hulle
ingehamer is, 'n verpersoonliking van oorlog
se genadeloosheid. Iets onplesierigs is dit om te aanskou,
hierdie oefeninge van soldate, wáár ook, soos hierdie
jong manne omvorm word tot robotte, voordat hul
deur hulle regerings uitgeplaas word na die wêreld
se barre, starre sones, kamer op kamer as 't ware
van hartseer en rou.

## Atta

Leonie met die mooi bynaam Atta – soms
het ons gesê Attatjie – my woede oor God
se doen en late het weer in my opgekom
toe ek skielik verneem jy's vanjaar,
twintig-dertien, twee jaar reeds dood.
Teen nou sou jy 'n sewentig jaar en meer oue
vrou gewees het.
Ek het jou leer ken toe jy sestien, sewentien
jaar oud was. Jy moet onthou word want
jy't in jou lewe veel smart gely.
As onderwyseres sou jy
bly wees dat ek hierdie les
van jou kon leer: Wees,
ondanks alles, versoeningsgesind
teenoor mense.

Maar, Atta, my wrewel blý opwel teenoor dié
wat die geelwortel van 'n Hiernamaals
en Ewige Lewe voor ons hang. 'n Prul
van 'n gedagte? Is ons, van kleins af, verkul?

Laat ons maar vrede maak daarmee,
en wáár jy nou ook is, en min mense sal
weet wie jy was – dis tog in die groot lewe
om 't ewe – ál wat vir my saak maak en
blý, ál wat my raak, is die koestering
van jou gedagtenis.

## Rododendrons

Bergrose – rododendrons – was 'n simboliese
werklikheid in my lewe. Ek het die blom, toe ek
baie jonk was, nie geken nie, maar toe ek my
in Oxford bevind by die goeie ou dame by wie ek
tuisgegaan het, was dit daar in haar tuin
en ek het haar na die mooi blom se naam gevra. Ek
het my Afrikaanse tong algaande om die woord
gekry, maar eers weer in die Kaap het ek
die veel mooier naam "bergroos" ontdek.

## Burford – Tintern-abdy

Ek het op 'n dag aangekom by 'n Engelse dorpie,
Burford, aan die Walliese grens. Die ruïnes van
die Tintern-abdy lê ook daar. Die ervaring wat ek
hier beleef het van grys as kleur het my oorbluf
– sóveel skakeringe: die geboue, die lug,
die grond, álles, het 'n nuwe waardering vir die
"somber" kleur in my losgemaak, ewe opwindend
as die ervaring van die
vlammende vygies
van Wuppertal.

## Hy't gevlieg met die duiwe
### (klok hom nou in)

Toe my oom Bokkie van Wellington dood is
– so 'n goeie man –
het ek my noodgedwonge in die kerk bevind
waaruit hy begrawe is (ontstigtende woord).
Hy was een van die broederskap
wat posduiwe geteel en "met die duiwe
gevlieg" het. Ek onthou die duiwemandjies,
die reuk van duiwemis, en hoe, wanneer
'n wedvlug aan die gang was, hy geduldig
in die duiwehok in Terracestraat gesit
en wag het. Skielik dan die geswiep van vlerke,
die eerste voël tuis!
Die klok was reg en oom Bokkie het die
identifikasie-ringetjie van die tuisgekomene
gou-gou behendig in die klok gekry.
Hy't dikwels gewen.
In die kerk, met sy begrafnis, ná die een
of ander konvensionele kerklied, het ek die
kerkgangers hierdie onverwagse woorde
oor oom Bokkie gebied in 'n gebed
(van mý soort): God, kyk, het ek
gesê, let op oom Bokkie nou, hy't
'n pragtige vlug voltooi, het tuisgekom
en sonder tydverkwis, gerus, en
met knap vaardigheid, haal af sy ring
gou-gou
en klok hom nou in.

*Ompaaie*

## Ons dors

Ons dors sal met die slyk geslaan word,
ons sal hyg en weet hoe God kan kyk
en swyg. Dan sal ons sien hoe breed
is God se rug. Dan dreun die lug
en myle aaneen sal ons lande graan
se gruwel golf in die rooi oog van die maan.
Een sal wonder hoe bak mens brood
met roes, 'n ander in sy akker wurms oes.
Dan, die aarde sak, kyk die berge,
die hande, die groot hande by die sterre.

## Ons is op soek

Ons is op soek, ekke Jakop oek.
Sy strik toe maar die doek,
die potjie, sê sy,
sal weer eendag roek,
hier's die suikersakkie,
moenie vergiet die Boek.

By Ragel haar hopie het ons lank gestaan.
So snot en trane het ons daar gestaan
lat ek sê maar vir die tjênners
ons moet gaan.
Vir Japie sê ek daar's die pad,
toe het hy die stange en die stof gevat.

Dis nag as die son in die klippe is
en die Here se genade sagter is,
dis nag as Japie deur die klowe gaan,
die koppe blits en aan die donder slaan.

Dis dag onder slange in die doringboom
dat ekke ou Jakop lê alleen en droom.

## Nagwag, Dagwag

Die begrip van die Wag – Nagwag of Dagwag –
fassineer my. Ek dink aan die Nagwag van
Rembrandt. Sélf het ek meer te doen met
die Dagwag: deur my kamervenster,
bedags, noudat ek afgetree het,
sien ek hom stap, in swart geklee, met sy
firma se embleem in geel op sy bors, fors,
straatop, straataf. Met 'n knuppel in die hand,
is hy oplettend vir die fynste ongerymdhede
in die buurt: op 'n keer het hy my kom maan
dat die kattebak van my vrou se motor, waar
sy dit teenaan ons huis geparkeer het, nie
behoorlik gesluit was nie.

Nou sit ek alleen tuis en skryf – my seun is
werk toe, my dogter is uit. Dis stil in die buurt.
Deur die venster sien ek hom stap, die Dagwag.
Hy maak homself sigbaar, paraat en klaar,
op en af in die straat, op en af. Dan hoor ek
'n huisalarm afgaan. Ek het eenmaal ook so 'n
toestel in die huis gehad, maar my later
nie meer daarmee beslommer nie – niemand gee
tog aan die geskrei daarvan veel aandag nie. Hier,
aan't skrywe, wónder ek oor ons
vervreemde soort bestaan, 'n ontheemde lewe:
asof die ervaring van veiligheid ons gedurig
ontwyk en ons altyd angstig oor ons skouer
kyk, en beskerming soek teen boosheid.

Wag: die konnotasies van die woord is belangrik.
Ons het gepraat van Rembrandt se Nagwag,

toe van my buurt se Dagwag. Maar daar's ook die
Distriksessers wat "wag op die Hanoverstraat
se bus", en daar's die mense wat wag op die
tweede koms van Christus. Dis geheel en al
verskillende betekenisse van "wag".

## Witkamer, Swartkamer

My oë, soos dié van 'n kind,
het die wêreld, sorgvry,
nuuskierig bestryk
en daar gevind
die Voortrekkermonument,
'n bousel van wit klip by Pretoria
en by Mekka die Kaäba,
'n konstruksie van swart klip.
En ek het my verwonder aan
hoe eenders dit alles lyk.

## Juliana

Jy was 'n nooi van die Diep Karoo
waar soveel mense nog opreg aan God
en in sy Goedheid glo,
en met dié geestelike mondering
het jy jouself later by die UWK bevind
in die Fakulteit Opvoedkunde
waar jy soms selfs in die stoel
van die dekaan sou sit.
Ek het jou in die gange 'n keer of twee
skrams teëgekom en ken jou dus minder
goed as Rosalie met wie jy elke dag
te doen gehad het hierdie afgelope
jare. Maar sy het altyd van jou vertel,
sodat jou naam vir ons huishoudelik
geword het, en ek verwen is dat ek
jou ken.

Nou bring ek aan jou 'n woord van dank
vir die vriendskap wat jy Rosalie betoon het
in jul werk saam aan die UWK.
Want dis altyd nodig om in die werkplek
nie net kundigheid uit te ruil nie maar,
belangriker selfs,
ook medemenslikheid.

102

# Wat sien jy kind – 'n liedjie vir Zaidee

*(Uit* Veertien verse,
*'n bundel van slegs 25 eksemplare*
*in opdrag van die Afrikaanse Diens SAUK,*
*Human & Rousseau, 1979)*

my dromertjie
my denkertjie
my dogtertjie
jy met die helder groot bruin oë
jy, die een wat dikwels staar

    wat sien jy kind?
    wat sien jy kind?

jy glimlag en jy kyk daar ver
dan word jou groot bruin oë dof

    so asof droef

sê dan vir my
my dogtertjie
my denkertjie
my dromertjie
jy wat té jonk vir droefheid is

    wat sien jy kind?
    wat sien jy kind?

## Orkaan Sandy

30 Oktober 2012. Ons verneem in die nuus
dat 'n orkaan uit die diepsee afstuur op New York,
Wes-Virginië, Maryland, Carolina . . . Alle vervoer
is opgeskort, g'n busse loop, g'n taxi's, daar's g'n
beweging hoegenaamd. Daar's g'n lewe op straat,
g'n roering van voetgangers, mense praat nie
eens nie, sit net stil binnenshuis en wag,
wag. Dis stilte soos die dood. Die grootste
deel van New York-stad is sonder krag.
Woorde kan die gevoel van die dreigende
Armageddon nie beskryf nie. Mens probéér maar. Niemand
weet wanneer die voorste winde sal tref nie. Daar's
nêrens heen om te vlug. Die Hudsonrivier het reeds
sy walle oorstroom, die huise se dakke golf aardig,
en die vensters, ook groot winkelvensters
bult, die takke van bome gee mee,
allerlei voorwerpe swiep deur die lug.

'n Verskriklike
stilte-sonder-stilte
lê oor alles.

## Beendere na hul beendere

Een van die skriklikste groot beelde in die Bybel
is dié van die verdorde beendere van die dooies
in die vallei, waaroor God Esegiël opdrag gee om
te profeteer, wat Esegiël toe doen. Daar was 'n
vreemde gesuis en die beendere het met 'n geruis
na mekaar toe begin beweeg. Die hele horde
van 'n leër het weer daar gestaan, óp en reg
vir oorlog en geveg.

Dit het alles oor grondgebied gegaan en, wanneer die
dooies opstaan, sal dit weer so wees.
Wat God se grondgebied in die Ewigheid is, sal ons
nie weet nie, maar Hy lyk duidelik daarop ingestel
om dit tot elke prys te verdedig, en in dier voege
het Hy die mens na sy beeld geskape. Hy is op
stuk van sake die groot Heer van die Leërskare.

## Seksuele konnotasies

Daar's uitdruklike seksuele konnotasies aan
"skepping", God se "skepping van die heelal",
enige menslike skepping van 'n kunswerk . . .
Daar's altyd skok betrokke, die daad
vind plaas, waarop skok volg na skok, totdat
alles weer kalmeer.

Meer keer wonder ek: is daar in ons wêreld
plekke meer "seksueel" as ander? Soos die
Ooste, miskien, die Filippyne, as één
voorbeeld? Ek fantaseer seker maar.

## Brein

'n Onbeskryfbaar wonderlike werklikheid
is die brein. Wanneer 'n mens in somberheid
sink, kan dit 'n wêreld vir jou oopskuif,
oopmaak, soos 'n sportstadion se koepeldak,
sodat jou gedagtes vlug kan kry, soos voëls,
en jy jou weer 'n keer kan begeef
in 'n wêreld wat wyd is, en vryheid beleef.

## Kroep

Digters hoor dikwels stemme vér weg,
'n ontstellende soort geroep
– sal dit naby ons kom en om wát van
ons te verhaal – 'n taal, in my geval,
soos van aamborstiges,
mense met kroep.

## Skottelgoed
### (sikloop)

Terwyl ek vaneffe skottelgoed
staan en was, kom daar
die ou Griekse storie van die eenoog,
die sikloop, by my op. Dis 'n aangrypende,
wrede vertelling: Odysseus het in sy
lang omswerwinge nog tyd gevind
om 'n sikloop by te kom en te verblind.
Die koppige eenoog was in sy grot
toe Odysseus hom daar teëkom
en sy oog met die vlammende skerp
punt van 'n paal takel. Daar kom
toe 'n geskreeu van buite: Polyphemus,
wie maak jou seer?
Die sikloop het, ylend, teruggeskreeu:
Niemand! Want Odysseus het vir hom
gesê, toe die sikloop sy naam wou hê:
My naam is Niemand. Slim, nè.

Dít afgehandel het Odysseus eindelik op sy
terugtog met sóveel ompaaie en -weë,
halt geroep, huis gehaal en tuisgekom by
sy geliefde
Penelope.

## Gangesrivier

In Indië, hoor ek, wanneer mense van hul
sondes bevry wil word, gaan was hul
hulself in die groot Gangesrivier waarvan
die water glo maar modderig kan wees.

Die Hindoeïstiese Dans van Sjiwa bied
'n ligter soort hulp, maar kan selfs dít
die ongestelde menslike gees genees?

## Vlieë en miere

Iemand, 'n "kenner", moet my sê, want
ek is seker maar dom oor hierdie dinge:
as die verpesting van vlieë en miere uit
ons lewe verwyder word, sal die
ekologiese balans van die wêreld in duie
stort soos die onnadenkende gepruttel
(mooi woord vir bogpratery) oor
"die ekologie" dit wil hê? Ons kan
onsself tog 'n wêreld met ekologiese
balans voorstel waarin daar geen
skepsels soos vlieë en miere bestaan nie,
'n wêreld waar die begrip en werklikheid
van ekologie ánders daar uitsien as wat
nou ongelukkig vir ons op hande is.

En ja, ek het dit gehoor, die storie
– aan God die glorie – van navorsers se
vonds dat vlieglarwes uiteindelik gebruik
kan word ter vervaardiging van kos
vir hoenders en varke. Sulke ontdekkings kan
die navorsers maak, want so is hulle werk
uitgestip: gehoorsaam lê hul die
werklikheid op die oppervlak bloot. Ék
word egter gebind deur 'n dieper geskoffel
in gedagtes: om indringend ná te vra oor
elke begrip betreffende die werklikheid. Dus
wil ek stééds weet, was 'n ander ekologiese
werklikheid nie moontlik nie – een sonder
vlieë en miere, hoenders en varke of,
les bes, ménse?

111

Ons sal nooit weet nie, want God, die
Klawerjas-speler by uitstek, hou
die geheimenisse van die werklikheid soos
Hý dit gemaak het van die begin af as
hoogste troef vas teen sy bors,
en speel nou ronde vir ronde uitdagend
en nors. Hy laat die navorsers nie toe om
die mees relevante vrae te vra nie, en
vraestellers soos ek durf nie met Hom mors.

En hoe sien ekologie tog daaruit ten opsigte
van, sê maar, Venus, Neptunus,
Mercurius, Uranus?

## Krismisboompie

Die storie loop – en só kom die Kersboom-
gedagte by ons uit – dat Martin Luther op
'n Oukersaand op pad was huis toe.
Dit was al donker en hy't die sterre deur die
takke van die denne sien skyn. Dit
was vir hom mooi en hy't daarvan gewag
gemaak.

Ondanks ons gesin se gevoel oor die baie
valshede van Kersvieringe, sorg ons tog,
"op tradisionele wyse", vir 'n mooi boompie
elke jaar.

Ek kyk, terwyl ek skryf, na ons versierde
Krismisboompie – nie een van hierdie swak-
van-smaak kunsmatige maaksels nie, maar 'n
mooigevormde egte dennetak.
Dis nou al einde Januarie, maar die
ietwat verdroë stekelrigheid-met-die-liggies is
nog mooi wanneer ons dit saans aanskakel.
Wie besluit tog wanneer stop, wanneer hou
die ervaring van Kerstyd op?

Ons doen dit alles dan maar jaar na jaar
'n eerbiedige gedagtenis
aan die Hervorming se groot ikoon.

## Laaste Avondmaal

Ek hoor kreet op kreet deesdae
van leed, want so het God, paradoksaal,
die wêreld geskep volgens sy genot
("in die mens 'n welbehae" dog, terselfdertyd,
"Ek, die Here jou God, is 'n jaloerse God")
– sinisme té dig om te ontrafel tot begrip.
Watter soort werklikheid het ons op hande
– ons almal wat, soos die digter met insig
skryf, "leef op skuld tot Vrydagaand
of tot die einde van die maand".

Die wêreld lê wel vir ons oop, maar is ons,
mense, dan gedoem tot 'n Laaste Avondmaal
waar ons ons brood "in die sweet van ons aanskyn"
slegs in die wyn van hartseer doop?

Wie weet, almiskie kan ons ook op
blydskap in die lewe hoop.

## Armoede

Dit skreeu my in die gesig elke Maandag
– ons buurt se dag vir vullisverwydering –
wanneer die dromme uitgesit is
en ek, hartseer – watter rou gesig – mense
in die afval sien grou vir iets te ete
en drinke. Dan laai woede in my hart op
– godslasterlik? watwou! –
en bevraag ek God oor sy skepping
van 'n wêreld wat dié soort smart kan bring.
Hoekom, wroeg ek, so 'n God besing?
Ek vrá jou, skud jou aan die skouers,
aan jou hemp se kraag, ek pleit:
verstáán jy wat ek hulpeloos probeer sê?
Ál ons goeddoenery en vroompratery help
ook nie – alles bly onverwerk, sus maar net
die gewete van dié wat Sondag weer ten
hemele namens die armes in die kerk sal blêr.

Ek het as voorbeeld hier in gedagte 'n
voorste kerkkalant, 'n selfversaligende
Godstrawant, 'n aartsbiskop soms in rooi
geklee met 'n bypassende karmosyn kopdos,
en dan weer, losklos, sit hy 'n almal-se-pêl-keps
op soos dit 'n nederige kind van die Allerhoogste
seker betaam, 'n man – 'n verkleurmannetjie? –
wat hom nie vir barmhartigheid skaam.
Ek mag ook vermeld, die man rol in die geld,
maar met fyn-hoë stemtoon bekla hy
dikwels en graag – totdat dit verspot klink selfs –
die lot van die armes, tjilpend, kermend
in kerk of katedraal, met leë woorde sonder nut:

God weet, alles steriel,
'n waterlose put van die siel.

## Florence Nightingale

Florence Nightingale, verpleegster,
ontfermende "Lady with the lamp",
jy't nie soseer oorlog probeer bekamp
as bloot verligting probeer bring van pyn
en lyding. Wanneer ons jou deug besing,
moet ons weet jy wis dat
wreedheid in die lewe
blýwend is en ook wydversprei, nie
'n werklikheid slegs van die Krim.

Die Florence Nightingales van óns tyd,
soms van kleiner statuur, maar ook dié
van gelyke formaat as jý – elkeen 'n heldin
of held – bly loop,
loop met die lamp,
loop met die ligtende lamp.

*Jesus – 'n Laaste Profesie*

## Jesus – 'n Laaste Profesie

G'n boek soos dié kan in die wêreld kom
sonder melding van jou Naam, bekend alom,
en die gedagte dat jy weer sal kom:
Jesus van Nasaret.
Koning van die Jode, het Pilatus gefrustreerd verklaar,
skaars wetende hoe wáár sy woord was.
Jesus, jy wat die storms oor die see
kon opdrag gee:
"Word stil!"
– jy wat Jaïrus se dooie dogtertjie kon
opwek, en sy't die dood agtergelaat,
opgestaan,
en opnuut begin lag en praat;
– jy, onverbiddelike man van parabels,
soos die storie van die barmhartige
Samaritaan,
waarin jy mense gewys het waaroor
dit eintlik in die lewe gaan;
– jy wat die water
verander het in wyn,
wat op jou moeder se wenk
die bruilofsgaste jolig gestem het
net toe hulle dink daar's geen
plesier meer aan die dag;
– jy wat by tye die skares wat
saamgedrom het om jou woorde
te hoor, en wanneer dit láát word,
die aand kom, en daar geen kos
meer vir hul te ete was as 'n paar
klein vissies en 'n brood of twee,
die vissies en brood

vermenigvuldig het, en
almal goed kon voed;
– jy wat die stommes, dowes en
blindes weer kon laat praat,
hoor en sien,
wat op die water kon loop, die
bose geeste úit kon dryf,
– jy wat vir melaatses, soos 'n
geneesheer kure uit kon skryf,
verlamdes en kreupeles weer hul
lede kon laat strek en elke gebrek
van mense met jou ferm hande
kon dek:
God se Gees het in jou
gewoed. Selfs Lasarus, dae lank
reeds dood, het jy uit die graf opgewek.
Uiteindelik het hulle jou gekruisig.
Die moeë Pilatus het dit
vir die Jode ingevryf: "Iesus Nasarenus
Rex Iudaeorum": Jesus van Nasaret,
Koning van die Jode. Toe die gepeupel
Pilatus ook wou bykom, het hy honend
net gesê: "Wat ek geskryf het,
het ek geskryf."

Toe kom jou stilste wonderwerk: Jy het jou
saggies oorgegee aan God, en gewy aan die
Ewige Niet: "Nie mý wil nie
maar U s'n geskied."

Groot krag het jy ook oorgehou
vir jou vaart teen die blou,
ál nader aan die Hemel, in

singende wolke toegevou,
en is uiteindelik weer verenig met
die engele en jou Vader: Jy het jou
plek aan sy regterkant opgeneem,
van waar jy nou,
soos beloof, weer na ons sal kom
– maar nie gou, omdat jy tyd nog
nodig het vir die grootse bedinging
met jou Vader in hierdie tyd. Dis
steeds aan die gang, 'n werklikheid
waarin jy, kragtig,
eeu vir eeu, dag vir dag,
ook op jou moeder, Maria, jou beroep.
Sy moet bemiddel,
pleit jy by haar, om jou Vader sy erge
onversetlikheid,
sy vergeldingsgesindheid, te laat vaar.

Maar, ná tweeduisend jaar en meer,
is jy nou byna-byna by jou Goue Graal,
býna reg om weer na ons te kom.
Ja, om te oordeel tog, maar, téén die
hele trant in van die Boek, nie om enige
van God se skepsels te straf of te vervloek:
slegs met vergifnis gróót jeens
die nog-lewendes én die opgestanes-
uit-die-dood. Dit sal jou heel laaste,
magtige bevestiging wees van jou
mensgewordenheid – vergesog miskien
wat jou Vader betref, dog 'n triomfantelike
uitkoms van alles, oplaas, in jou vaste
wete dat jy nie verniet gely en gesterwe
het nie: 'n soort Vincent van Gogh!

Dán eers sal jou Taak volbring wees,
die Satan verdryf wees, en die héél laaste
woorde van die Heilige Skrif geskryf kan
word: die Laaste Testament, en die
Laaste Openbaring, met liedere, maar nie
klaagliedere soos dié van Jeremia
nie, liewer die vrolike liedere van
'n Nuwe Profeet.

Jy, die troonopvolger, sal dan die Koning wees.
Die ou Koning en Vader het gesterf, is dood,
soos 'n welbedagte Nietzsche wis: lank lewe
die nuwe Koning en Vader.
Die plek van die Hemel sal nou aarde toe verskuif
om 'n nuwe aarde daar te stel.
Die engele sal gewone mense word, jou moeder
ook 'n gewone aardse mens, nie meer die
onbereikbare Maagd nie.
Ons verhouding met die heelal sal
geheel en al verander.

Jy, Jesus, sal dan die middelpunt van Alles wees,
sal oor Alles heers tot in Ewigheid,
'n Ewigheid wat oplaas
deurdrenk sal wees
van ware menslikheid.

# Versoenings- en vredesgebede

## Versoeningsgebed vir Nelson Mandela

Nelson (ek spreek jou maar so aan),
sal ek jou 'n klawerjasspeler noem? Ja,
jy't gespeel met F.W. de Klerk en hy met
jou, die groepspel. Julle't sake beskou.
En – goddank vir die land – kon nie één
van julle die hoogste troef, klawers se boer,
se jas, vaslê nie. En om hel en verskrikking
vir eers vir ons af te weer het julle teësinnig
maar gekomprommitteer en julself
tot versoening gekommitteer.

Nelson, ek en jy het mekaar ontmoet, gegroet,
toe jy nog ferm van hand en stem was.
Jy het oud geword nou, soos almal moet, meer
selfs as ek, en broos. Weet, egter, ons almal
se liefde spoel om jou soos water wat troos,
en jy sal later, wanneer selfs jý moet gaan,
in die wete gaan dat jy nooit – hoe lank is
nooit? – vergeet sal word.

Op 'n keer in jou ampshuis Genadendal
hier in Kaapstad het jy my gesê
jy wéét ek was nooit gekant teen die
Struggle nie. Natuurlik nie, maar ek het
jou toe ook gesê jy moet probeer verstaan
dit val mý soort mens moeilik om homself
aan die groot organisasie, watter ook al,
oor te maak. Mý kategorie van lewe, my
aard, het ek probeer verduidelik, is dié van
individualiteit en enkelheid, die soort
menswees van Søren Kierkegaard.

En noudat jy baie oud word, Nelson,
weet ek, alhoewel jy dit nie durf verklaar,
hoedat jy gewaar dat jy alléén is
en die moed vir dié belewenis
moet afbid van God.
Ek verstaan: Jou prioriteit was van begin
tot einde om apartheid, één van die kankers
van die geskiedenis se láng loop, uit te wis.

Hierdie taak, as selfopgelegde plig, het jy
beslis en goed verrig.

Mag jy nou in jou ouderdom geseënd wees.
Jy moet nou amper gaan en 'n groter prioriteit
breek vir jou aan: die hantering van 'n groter
dringendheid, dié van alléén-wees.
Éénsaamheid.

God seën jou,
seën jou.

## Versoeningsgebed vir F.W. de Klerk

Ál klawerjasspelend met Nelson Mandela was jy,
en toe ek my Gebed vir hóm skryf, het ek gedink
dit volg dat ek in eenderse trant F.W. de Klerk
ook sal betrek. Jy's 'n Dopper en, soos ek, is
jy seker altyd maar angstig oor "God". Mag jou insig
in "die vrees van die Here" groei tot waar die
spriete, lote en takke van jou geloof soos 'n
netwerk jou omvou en jy sonder huiwering
die stilte wat kom, kan binnegaan. Ek het jou tog
reg verstaan, glo ek, dat jy sover gekom het om
te dink apartheid is 'n troostelose verkeerdheid.
Maar jy het nooit uitdruklik so wou sê. Iets
in dier voege het jy geprewel, ja, en ek weet
dat jy, nes Nelson Mandela, skugter bly
ten opsigte van "die organisasie".

Julle vind my seker ewe vreemd dat ek my nie kan
vasmaak, my nie kan bind aan die groot inrigting, en
aandring op onafhanklikheid. "God", sug ek weer eens,
ook versoenend, laat dit dan alles maar so bly
in hierdie land, en in ons wêreld weliswaar,
en maar voortdryf – vir eers, dank die Heer –
sonder ontploffing.

Ek bid dan dat jy, F.W., soos Madiba, ook in jóú
ouderdom geseënd sal wees met die kennis, wat jy
tog wel het, van die woorde van Dirk Opperman:
"En wie is ek en hoe 'n man, swart of bruin of
wit? Dit is mos maar afhanklik van hoe ver mens van
die vuurtjie sit. Want die nag kan hom, soos God,
nie steur aan 'n man se afkoms of sy kleur."

## Vredesgebed vir Jakes Gerwel

*(Geskryf enkele dae vóór prof. Gerwel se skielike dood)*

Jakes, my student van lank gelede, en later
vriend, jy's wat kaartspel betref 'n beoefenaar
van solitaire liewer as klawerjas – 'n alleen-
speler is jy, onafhanklik. Het jy
ooit in jou spel gewen? So dikwels, lyk dit,
dwing jy ánderkant toe.

Vergeef my, vriend, as ek fouteer en jou té seer
aanspreek want hierdie gebed van my is
'n beroep – seker maar weer op "God" – om jou
op jou pad te vergesel, ompad
verby die aanloklike hel van korporatiewe
dinge en partypolitiek, wat, om 'n woord by
van Wyk Louw te leen, vir "mense soos ons"
uiteindelik 'n doodloopstraat is, 'n pad na nêrens,
wat jou kan wégdwing van jou onafhanklikheid as
denker. Hoe ook, God gee dat vrede tussen
ons bly, en, is my vrees vir jou 'n gevoel té kras,
bekommer jou tog nie: dit sal alles
wegwaai met ons as.

Ek bly maar ek, Jakes, 'n nogal kranige speler, maar
van 'n Klawerjas-van-woorde net, en hou só ook my
geliefdes gelukkig en bymekaar.

Ek moet binnekort gaan, maar bly dink
aan my, blý dink aan my.

## 'n Nuwejaarsgebed vir demokrasie

*(Vir S.V. Petersen, postuum, 'n stil kind, 'n enkeling,*
*ter herinnering aan sy werk wat gewaag het om denkebedrog*
*uit te daag)*

Dirk Opperman is in sy verbeelding as
Marco Polo op reis na 'n geografiese plek
vér weg. Ek is ook op reis, maar inheems,
na die diep binneland van die eie siel.
Daar kom ek, terugdenkend, aan by 'n plekkie
Goree digby Robertson in die
Boland en onthou, getrou aan die waarheid,
ek het daar as kind, lighartig, soet en stout,
grootgeword tot so nege jaar oud.
Ek onthou ook ek het tóé reeds
– vir só jonk heel paraat –
bedrog in denke leer haat.

Dit is 'n tyd dié geskik vir nadenke.
Here, ek wéét, élke tyd is, maar 'n Nuwejaar
veral. Ek dink nou hoe ons die woord demokrasie
gebruik – die *woord*. Dis táálgebruik wat dikwels
nie strook met die werklikheid van ons doen
en late elke dag: daarin sensureer ons – swart, bruin,
wit, hoe ook – mekaar se vrye spraak. Ons het
'n hekel daaraan, lyk dit, dat enigiemand dinge op
die naam sal noem. Ons het min geduld met pront
waarheid. Wanneer die enkeling uitbreek en op skrif
of in klank dinge klinkklaar sê, straf ons hom,
verkies ons dat hy swyg, sny ons hom af.

God, ek verwonder my aan die kordaatheid van ons
véélpraters oor menseregte, vrye denke,
demokrasie, wat in dieselfde asem verbod op
verbod plaas op ope gesprek. My Nuwejaarswens,
Here, is dus dat ons eerlik sal probéér wees,
onsself nie 'n rat voor die oë sal draai, en verraai
nie, in ons werk aan 'n oop gemeenskap.

# Lawwighede?

*Hierdie satiriese spotterye – liewers as spotternye – is geskryf in navolging van die gedagte dat mense wat nie vir hulself kan lag nie, dooie siele is. Die tema is die onlangse geskiedenis van die pousdom.*

## Benedictus Sestien

Pous Benedictus Nommer Sestien het, soos
mense sê, sy tawwe job geskop. Hy het
seergekry maar, verstaanbaar, was sy klag
dat hy oud geword het, swak, en nie meer
die krag het om die Roomse Kerkkolos se
vrag te help dra nie. Hy sal die dinge van
die Vatikaan nou in afsondering betrag.

Maar 'n pous moet daar wees, en al dadelik
skop die eeue oue gebruik van die konklaaf
in. Die kardinale van die wêreld haas
hulself na Rome om die proses te begin,
want húlle alleen, intelend, kan
stem om, onder mekaar, die nuwe hoofman
te vind. Die deure word op hul vergadering
gesluit, hulle's in afsondering, en ons
wag nou tot ons weet wie is die nuwe man
der manne van die Roomse Kerk en hoe ons
gewone sterflinge hierdie kennis sal verwerk.

Miskien, hopelik, kom daar eendag 'n swarte
pous, of 'n Boerepous, of – gans vergesog –
'n tanniepous of papin, want dis tog hoog tyd
dat 'n kwotastelsel met 'n demokratiese
menseregte-inslag geld vir hierdie grootse dinge
van God se Ewigheid.

## Franciscus

Paap Benedictus Nommer Sestien, wat sy job
geskop het, is slegs die tweede pous wat só
'n onvanpaste ding doen. Hoe ook, ek wend
my nou na gebeure sedert sy onverkwiklike val.

Ja, die pape kom nou thick and fast, die een's
skaars uit, dan hoor jy die volgende fluit. Ná die
afhandeling van die rooijas-konklaaf kry jy die
nuwe man geklee in wit, sy jas vóóraf gemaak
in die hoop dat dit nie nodig sou wees om some
en pante te verstel nie. Die ou gryse wat
hul nou met witjas-wysheid vertrou, het
tydens die konklavering, 'n duif sien sit hoog
in een van die basilika van Sint Petrus se nawe,
'n teken vir hom direk van God: hy moes
Franciscus heet na die man met die duiwe om sy
kop en met ander gediertes rondom hom. Hy't in
hierdie proses ook die Parakleet aan sy voormalige
rooi jas voel pluk, en as goeie Argentyn terstond
geweet hy is die nuwe uitverkorene van God, tot
paapskap gedoem. Hy't groot geskrik, maar soos dit
'n pous betaam, homself dadelik nederig reggeruk.

Oomblikke later het hy sy eerste pape-mis geprewel,
met aanbieding van die gebruiklike varsgebakte
ongesuurde brood en goedbeleë wyn. Tegelykertyd
het hy ook bitterlik geweet dat hy van nou af pyn sal ly
ten behoewe van die armes en onbevoorregtes, en alle
selfverkneukelende goodies moet vermy, en veral ook
lugtig sal moet loop op die Vatikaan se strate
vir die juffroutjies met skamele kleertjies aan –

136

want sy Taak is nou heilig verhewe hóóg bo elke
sondigheid-in-die-stilligheid.

En nou, allerweë, moet ons almal aangaan
met ons daaglikse werk in die sweet van ons
aanskyn. Só is God, die Jaloerse Een, se handeling
ten opsigte van sy Heilige Kerk.

Nou is hy God se klong, hierdie kind van die Here
met net een long. Of beter nog, gesien sy staat as
slaaf van God, eenvoudig God se jong.

# Eerste swart pous

*(Met apologie aan Enid Blyton)*

Ongelukkig het nóg Benedictus Sestien, wat sy
job geskop het, nóg die glimlaggende Argentyn
en nie-Europeër Franciscus Een,
Jorge Mario Bergoglio, vanaf die balkonne van
die pous-paleise – die Sint Peter's-basilika en die
basilika van die Heilige Maria van die Engele –
van waar ons hul glorie kon ervaar, verklaar
dat ons, ondanks manlike chauvinisme,
nou angstig wag op 'n vroulike pous;
selfs ook nie, ter versagting van ons
verdriet, pyn en ellende, het hul deur laat
skyn dat, vroeër liewer as later, 'n swart paap
móét kom. Laasgenoemde staan seker al in
die ry van die huidige rooijas-bende – ons
eie Suid-Afrikaanse kardinaal Mandla Dikgang
Tshabalala. Ek is ook van denke dat hy redelik
gou verkies sal word omdat Franciscus nie té
lank nog innig en liefdevol na die babas en hul
mammies uit sal reik, want Franciscus-hulle
is almal maar ou ballies en krokke wat
die emmer vroeg liewer as later sal skop.
Dan sal ons oplaas 'n swart pous hê
– net soos 'n swart Amerikaanse president: dit
alles relevant tot die demokratiese menseregte-
beweging van ons wêreld en ons land. En, ja,
ek verwag dat kardinaal Dikgang, wanneer hy
die meerderheid stemme op hom verenig
het en van die balkon af praat met sy sterk
stem, fors en skor, sodat hy gehoor sal word

van die Kaap af tot in die gramadoelas
van Koekenaap, wanneer hy gevra word wat sy
pape-naam sal wees, sal sê "Vocabor" – dit
is Latyn – en niemand is geskok,
hoe anders tog, as hy sê, geheel kompleet,
"die Eerste Pous Golliwog
wil ek bo alles heet".

*Klawerjas*

## Klawerjas

*(Opgedra, postuum, aan N.P. van Wyk Louw, skrywer van*
*'Die beiteltjie', een van die grootste verse wat ek nog gelees het)*

Ek leef so lank al hier, die gras
het onder my voete kom groei.
Van tyd tot tyd word ek egter
steeds verras en geboei deur die
werklikhede en simbole van hierdie
Heimat, die Kaapse Vlakte: soos die
ghomma van die ghommalied, of
die Rhatieb, of Klawerjas. Verras,
want daar skuil in dié dinge soveel
diepte, soveel betekenis. Altyd weer,
natuurlik, word iets gemis en moet
ons terugkeer na onsself vir nuwe
insig, nuwe lig.

Klawerjas. Kaarte was deur die
eeue heen draers van, tegelyk,
helderheid maar ook verdonkering,
soos ons bestaan in die heelal
die werklikheid as aldurende raaisel
aan ons bring.

Klawerjas, enigma en magie:
uiteindelik is geen geld ter sprake,
slegs heil of onheil is ter sake.

Van Wyk, jy het waarskynlik nie die spel
geken wat ek hier aan jou voorstel.
Maar jy, meer as enigiemand anders, sal

143

Klawerjas verstaan.
Jy wat die worsteling met God en met
Betekenis gehad het net soos ek nog.
Jy wat dieselfde hulpeloosheid teenoor
onreg moes ervaar, dieselfde woede,
sonder om te weet hoe om dit by te kom
buite-om geweld – soos ek en jy dit sou
moes doen.

Lank gelede, meer as 'n halfeeu lank,
skryf jy vir my 'n brief, verwysend na die
onregstelsel van die tyd, apartheid:
"Net soos u self," skryf jy, "wanhoop ek soms
maar wat kan ons soort mens vandag anders
doen as skryf waar jy kan, praat waar jy kan?
Probeer oorreed?"

Jy was so reg: wat kan ons ánders?
Só het al jou verse van jou hand gekom, en
myne van my hand: ons speel maar
klawerjas.

Ten minste het ons wóórde, jy en ek, wat
aftas teen die mure van ons donker kamers
van Bestaan, al-soekend na die deure, openinge
tot die lig. Sóveel moet ons doen, is "ons soort
mens" se plig, en, dieper, ons ongedwonge
waarheidsoeke – dis ons ewige kaartspel sonder
dat ons weet watter uitkoms ons sal bind: dit alles,
soos jy sê, is "die taak van ons gewete – die
gewete wat hom gedurig tussen weerskante
se onaanvaarbaarhede bevind".

Ons moet dus, met ál ons eerlikheid, ons spel
hier tussen hemel en hel blý speel, óóp soos jy
sê, net aan ons bloed getrou. Ons moet die kaarte
maar nougeset blý skommel, teen mekaar
blý meet en pas, en blý aan hoop.

Dis Klawerjas.

*Gegroet wees die leser*

Laat my dan oplaas
voordat ek die kers
op hierdie boek uitblaas
alles ietwat formeel verseël.

Ek en Rosalie
het bymekaar
groot vreugde ervaar
gedurende die vorming
van hierdie werk.

In die bou van hierdie boek
was sy my intellektuele beraad
– en tikster, ook half
stenograaf.
Terwyl ons gewerk het,
skof vir skof, paragraaf na
paragraaf, meestal tot
laat in die dag, soms
selfs in die nag, het ons
gepraat en gelag, soms
gehuil van genot.

By party gedigte was daar
anderste trane ook.

Soms het Rosalie met my
maak van woorde verskil
en was ek, op my beurt,
nukkerig as ek aangedring
het op hierdie of daardie stelling.

Aan die einde van elke dag,
egter, het groot tevredenheid
ons omsluit en het ons gaan rus,
bewus van ons liefde vir
mekaar, en in ons hande, vas,
is 'n meer as bevredigende
balansstaat van ons werk gelaat.

So het sy my ook hierdie keer versorg
– ingestaan as borg weliswaar –
nes van ons jeug af toe sy my teen
ulseratiewe kolitis se folterende pyn
probeer beskerm het: dikwels selfs
het sy vir my medisyne gaan afhaal
by die Groote Schuur-hospitaal.

Miskien, binnekort, sal ons
met nuwe werk, soggens weer
begin, en lag en praat.
Hoe wonderlik sou dit wees as,
in die annale van ons Afrikaanse taal
hierdie storie bly – soos 'n
sagte beweging, stil,
'n soort Andante Cantabile,
'n Abelard en Héloïse-verhaal
soos opgeteken in die
onthutsend-tedere, verbeeldingryke
vertelling van Helen Waddell.

Seker meer akkuraat
moet ek praat van hierdie epos van
myself as reisiger, 'n Odysseus
wat nou, na veel omswerwing,

– na ál sy ompaaie en -weë –
huis gehaal en tuis verwelkom is,
oplaas terug by
sy geliefde
Penelope:

deur die lewe goddank uitgewan
'n ouer en 'n wyser man.

*Klawerjas*, Adam Small se eerste Afrikaanse digbundel in veertig jaar, bevat gedigte wat tussen gewone mense ontstaan het en vir gewone mense geskryf is. Dit spruit trouens uit die digter se gewaarwording dat hy, te midde van soveel ontbering en verknegting, darem nog woorde het "wat aftas teen die mure van ons donker kamers van bestaan, al soekend na die deure, openinge na die lig".

Dit is gedigte wat spreek van deurleefde ervaring, diepe oortuiging en 'n opregte meegevoel met die lot van die veronregtes. En of daar ernstig besin, of ligweg gespot word, getuig die verse deurgaans van 'n fyn oor vir die musikaliteit van die alledaagse, die melodie wat spontaan en ongekunsteld opklink as jy die doodgewone in verwondering gade slaan.